Impressum
Verlag: BABADADA GmbH, Nedderfeld 112 , 22529 Hamburg
Geschäftsführer / Verlagsleitung: Harald Hof
Druck: Books on Demand GmbH, In de Tarpen 42, 22848 Norderstedt

Imprint
Publisher: BABADADA GmbH, Nedderfeld 112 , 22529 Hamburg, Germany
Managing Director / Publishing direction: Harald Hof
Print: Books on Demand GmbH, In de Tarpen 42, 22848 Norderstedt, Germany

мактаб

škola

синф
klassnaâ komnata
бўлмоқ
delit'
186/2
škol'nyj dvor
доска
doska
ўқитувчи
učitel'
қоғоз
bumaga
ёзмоқ
pisat'
ручка
ručka
иш столи
pis'mennyj stol
линейка
linejka
китоб
kniga
ўқувчи
učenik

осма сумка

ranec

қаламдон

penal

қалам

karandaš

қалам учлагич

točilka

ўчиргич

lastik

расм албоми

al'bom dlâ risovaniâ

чизмачилик

risunok

бўёқ чўтка

kistočka

бўёқдон

korobka krasok

қайчи

nožnicy

елим

klej

машғулот дафтари

tetrad'

уй иши

domašnââ rabota

12

рақам

cyfra

2+2

қўшмоқ

pribavlât'

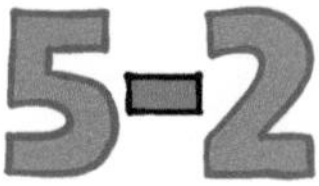

5-2

айирмоқ

vyčitat'

2⨯2

кўпайтирмоқ

umnožat'

ҳисобламоқ

sčitat'

A

хат

bukva

ABCDEFG HIJKLMN OPQRSTU VWXYZ

алифбо

alfavit

hello

сўз

slovo

матн

tekst

ўқимоқ

čitat'

бўр

mel

дарс

urok

журнал

klassnyj žurnal

имтиҳон

èkzamen

гувоҳнома

diplom

мактаб формаси

škol'naâ forma

таълим

obrazovanie

қомус

èncyklopediâ

олийгоҳ

universitet

микроскоп

mikroskop

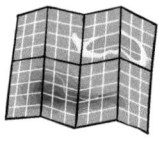

харита

karta

урна

korzina dlâ bumag

саёҳат

putešestvie

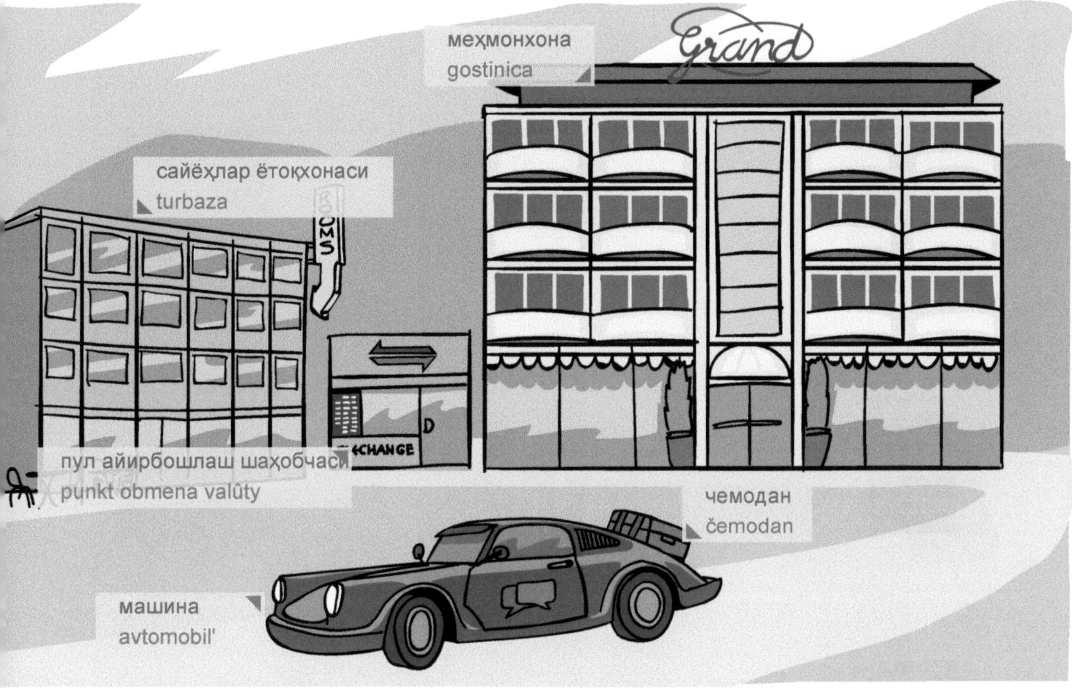

меҳмонхона
gostinica
Grand
сайёҳлар ётоқхонаси
turbaza
ROOMS
EXCHANGE
пул айирбошлаш шаҳобчаси
punkt obmena valûty
чемодан
čemodan
машина
avtomobil'

тил

âzyk

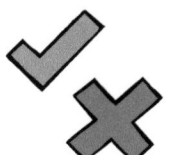

ҳа / йўқ

da / net

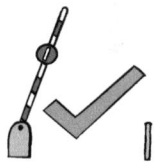

Хўп

horošo

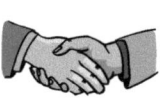

салом

Privet

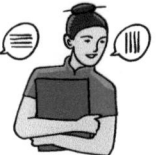

таржимон

perevodčik

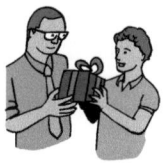

Раҳмат

Spasibo

неча пул...?

Skol'ko stoit...?

Тушунмадим

Â ne ponimaû

муаммо

problema

Хайрли кеч!

Dobryj večer!

Хайрли тонг!

Dobroe utro!

Хайрли тун!

Dobroj noči!

кўришгунча

Do svidaniâ

йўналиш

napravlenie

йўловчи юки

bagaž

сафархалта

sumka

юк халта

rûkzak

меҳмон

gost'

хона

komnata

уйқуқоп

spal'nyj mešok

чодир

palatka

саёҳларга маълумот
бериш столи

turističeskaâ informacyâ

пляж

plâž

омонат карта

kreditnaâ kartočka

нонушта

zavtrak

нонушта

obed

кечки овқат

užyn

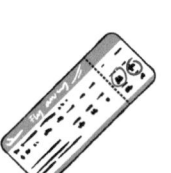

чипта

bilet

лифт

lift

марка

počtovaâ marka

чегара

granica

божхона

tamožnâ

элчихона

posol'stvo

виза

viza

паспорт

pasport

транспорт
transport

самолет
samolët
кема
korabl'
ўт ўчирувчи машина
požarnyj avtomobil'
автобус
avtobus
юк автомобили
gruzovik
моторли қайиқ
motornaâ lodka
велосипед
velosiped
машина
avtomobil'

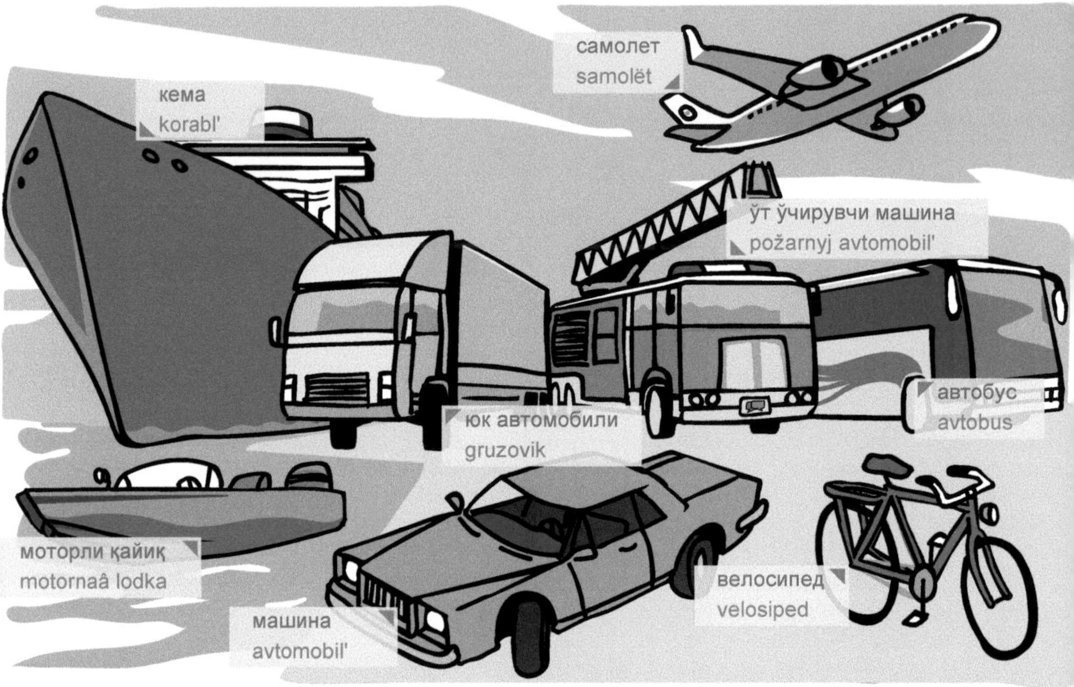

солсимон ясси кема

parom

қайиқ

lodka

мотоцикл

motocykl

посбон машинаси

policejskij avtomobil'

пойга машинаси

gonočnyj avtomobil'

ижарага олинган автоулов

arendovannyj avtomobil'

автоижара

sovmestnoe pol'zovanie avtomobilâmi

шатакка олувчи юк автомобили

buksirovočnyj avtomobil'

ахлат машинаси

musorovoz

мотор

dvigatel'

ёқилғи

toplivo

ёқилғи қуйиш шаҳобчаси

zapravka

йўл белгиси

dorožnyj znak

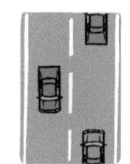

йўл ҳаракати

dviženie

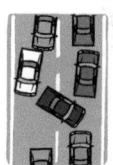

тирбанд

probka

автомобил тўхтаб туриш жойи

avtostoânka

поезд бекати

vokzal

рельс

rel'sy

поезд

poezd

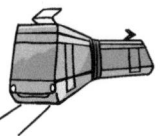

трамвай

tramvaj

вагон

vagon

вертолёт

vertolët

аэропорт

aèroport

минора

vyška

йўловчи

passažyr

контейнер

kontejner

қоғоз қути

korobka

аравача

teležka

сават

korzina

учмоқ / қўнмоқ

vzletat' / prizemlât'sâ

шаҳар

gorod

қишлоқ

derevnâ

шаҳар маркази

centr goroda

уй

dom

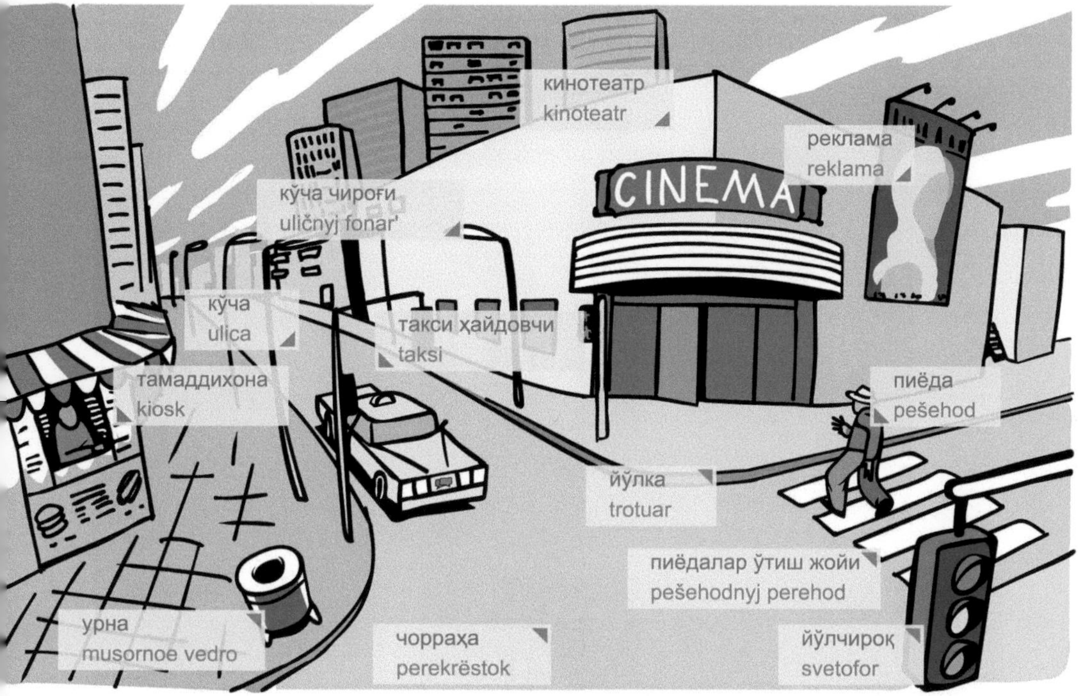

кинотеатр
kinoteatr

реклама
reklama

кўча чироғи
uličnyj fonar'

кўча
ulica

такси ҳайдовчи
taksi

тамаддихона
kiosk

CINEMA

пиёда
pešehod

йўлка
trotuar

пиёдалар ўтиш жойи
pešehodnyj perehod

урна
musornoe vedro

чорраҳа
perekrëstok

йўлчироқ
svetofor

кулба

hižyna

квартира

kvartira

поезд бекати

vokzal

маҳаллий ҳокимият
биноси
ratuša

музей

muzej

мактаб

škola

олийгоҳ

universitet

банк

bank

шифохона

bol'nica

меҳмонхона

gostinica

дорихона

apteka

идора

ofis

китоб дўкони

knižnyj magazin

дўкон

magazin

гул дўкони

cvetočnyj magazin

супермаркет

supermarket

бозор

rynok

универмаг

univermag

балиқ дўкони

torgovec ryboj

савдо маркази

torgovyj centr

бандаргоҳ

port

истироҳат боғи

park

банк

skamejka

кўприк

most

зинапоя

lestnica

метро

metro

ер ости йўли

tonnel'

автобус бекати

avtobusnaâ ostanovka

бар

bar

ресторан

restoran

почта қутиси

počtovyj âŝik

кўча ёзув осма тахтаси

tablička s nazvaniem ulicy

тўхтаб туриш вақтини ҳисоблагич

parkometr

ҳайвонот боғи

zoopark

бассейн

bassejn

масжид

mečet'

чорвачилик хўжалиги

ferma

атроф-муҳит ифлосланиши

zagrâznenie okružaûšej sredy

қабристон

kladbiŝe

ибодатхона

cerkov'

болалар ўйингоҳи

detskaâ ploŝadka

эҳром

hram

манзара

landšaft

япроқ
list
йўлкўрсатгич
dorožnyj ukazatel'
йўл
doroga
ўтлоқ
lug
тош
kamen'
пиёда сайёҳ
putešestvennik
дарахт
derevo
дарё
reka
майса
trava
гул
cvetok

водий

dolina

қир

gora

кўл

ozero

ўрмон

les

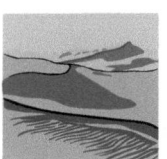

чўл

pustynâ

вулкан

vulkan

қалъа

zamok

камалак

raduga

қўзиқорин

grib

пальма дарахти

pal'ma

пашша

komar

чивин

muha

чумоли

muravej

асалари

pčela

ўргимчак

pauk

қўнғиз

žuk

қурбақа

lâguška

олмахон

belka

типратикон

еž

қуён

zaâc

укки

sova

қуш

ptica

оққуш

lebed'

эркак чўчқа

kaban

буғу

olen'

бутоқ шоҳли кийик

los'

тўғон

plotina

шамол генератори

vetrânoj generator

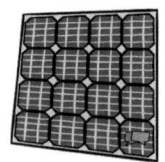

қуёш батареяси

solnečnaâ batareâ

иқлим

klimat

официант
oficyant

таомнома
menû

стул
stul

пицца
picca

шўрва
sup

дастурхон
skatert'

ошхона анжомлари
stolovye pribory

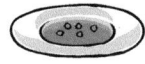

газак

zakuska

асосий таом

glavnoe blûdo

десерт

desert

ичимликлар

napitki

таом

eda

бутилка

butylka

тез пишар таом

fastfud

кўча таоми

uličnaâ eda

чойнак

čajnik

шакардон

saharnica

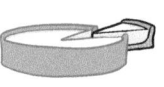

порция

porcyâ

эспрессо кофе машинаси

kofevarka

болалар курсичаси

detskij stul'čik

ҳисоб

sčet

лаган

podnos

пичоқ

nož

санчқи

vilka

қошиқ

ložka

чой қошиқ

čajnaâ ložka

қўл сочиқ

salfetka

стакан

stakan

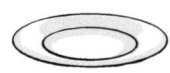

ликоп

tarelka

шўрва коса

supovaâ tarelka

тақсимча

blûdce

қайла

sous

туздон

solonka

қалампир янчгич

mel'nica dlâ perca

сирка

uksus

ёғ

maslo

зираворлар

specyi

кетчуп

ketčup

хантал

gorčica

майонез

majonez

супермаркет
supermarket

FOR
чегирма
specyal'noe predloženie
мижоз
pokupatel'
сут маҳсулотлари
moločnye produkty
мева
frukty
харид араваси
teležka dlâ pokupok

қассобхона

mâsnoj magazin

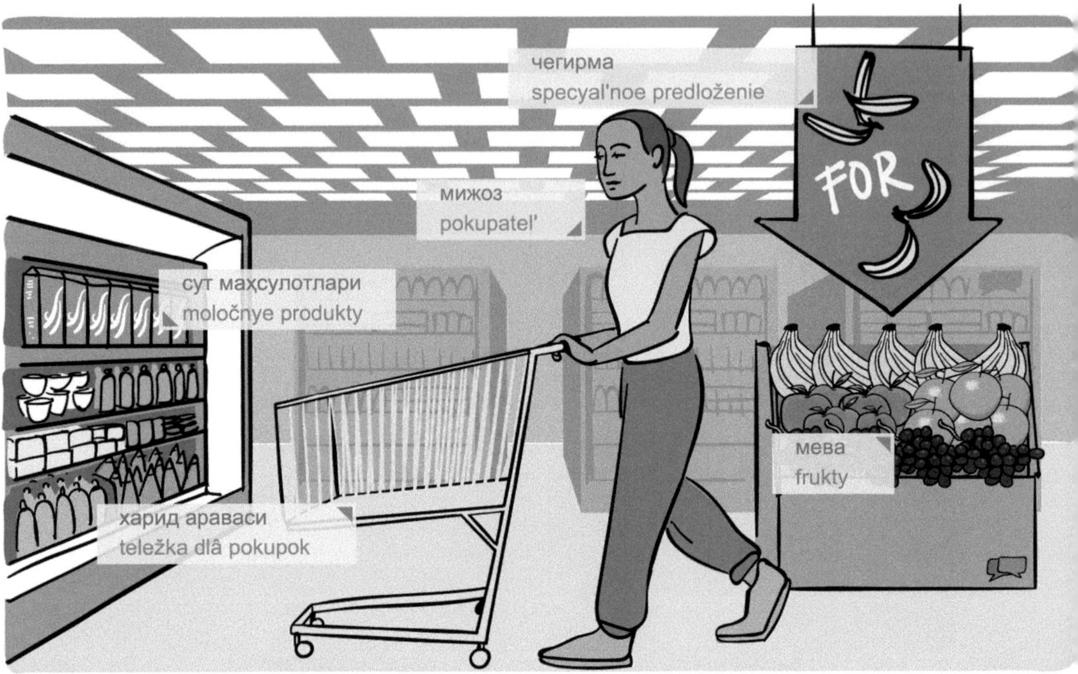

нонвойхона

pekarnâ

тарозида ўлчамоқ

vzvešyvat'

сабзавот

ovoŝi

гўшт

mâso

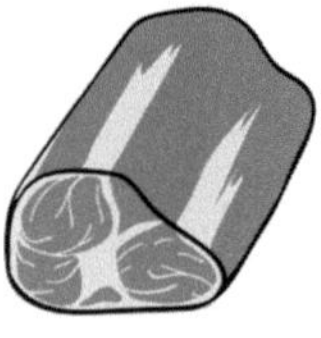

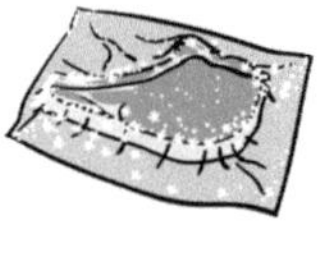

музлатилган таомлар

bystrozamorožennye produkty

яхна гўшт

narezka

консерва

konservy

кир ювиш воситаси

stiral'nyj porošok

ширинликлар

sladosti

кундалик истеъмол моллар

predmet domašnego obihoda

ювиш воситалари

moûŝee sredstvo

сотувчи

prodavŝica

касса аппарати

kassa

ғазначи

kassir

харид рўйхати

spisok pokupok

иш вақти

vremâ raboty

ҳамён

bumažnik

омонат карта

kreditnaâ kartočka

халта

sumka

целлофан халта

poliètilenovyj paket

ичимликлар
napitki

сув

voda

шарбат

sok

сут

moloko

кока-кола

koka-kola

вино

vino

пиво

pivo

спиртли ичимлик

alkogol'

какао

kakao

чой

čaj

кофе

kofe

эспрессо

èspresso

капучино

kapučino

банан

banan

олмахон

âbloko

апельсин

apel'sin

қовун

arbuz

лимон

limon

сабзи

morkov'

саримсоқ

česnok

бамбук

bambuk

пиёз

luk

қўзиқорин

grib

ёнғоқ

orehi

лағмон

lapša

спагетти

spagetti

гуруч

ris

салат

salat

картошка-фри

kartofel' fri

қовурилган картошка

žarenyj kartofel'

пицца

picca

гамбургер

gamburger

сэндвич

sèndvič

тўқмоқланган тўш қиймаси

šnicel'

дудланган чўчқа гўшти

vetčina

салями колбасаси

salâmi

сосиска

kolbasa

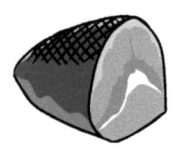

товуқ гўшти

kurica

қовурилган

žarkoe

балиқ

ryba

сули бўтқаси

ovsânye hlop'â

мюсли

mûsli

маккажўхори ёрмаси

kukuruznye hlop'â

ун

muka

француз булочкаси

kruassan

булочка

buločka

нон

hleb

қизартирилган нон бўлаги

tost

пишириқ

pečen'e

сариёғ

maslo

творог

tvorog

пирог

pirog

тухум

âjco

қовурилган тухум

âičnica

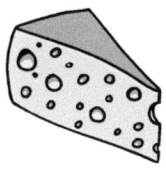

пишлоқ

syr

музқаймоқ

moroženoe

шакар

sahar

асал

mёd

мураббо

marmelad

шоколад пастаси

krem s nugoj

зарчава

karri

чорвачилик хўжалиги

ferma

деҳқон уйи
krest'ânskij dom
похол тугуни
tûk iz solomy
пичанхона
saraj
дала
pole
от
lošad'
тиркама
pricep
трактор
traktor
қулун
žerebënok
эшак
қўй
ovca
қўзи

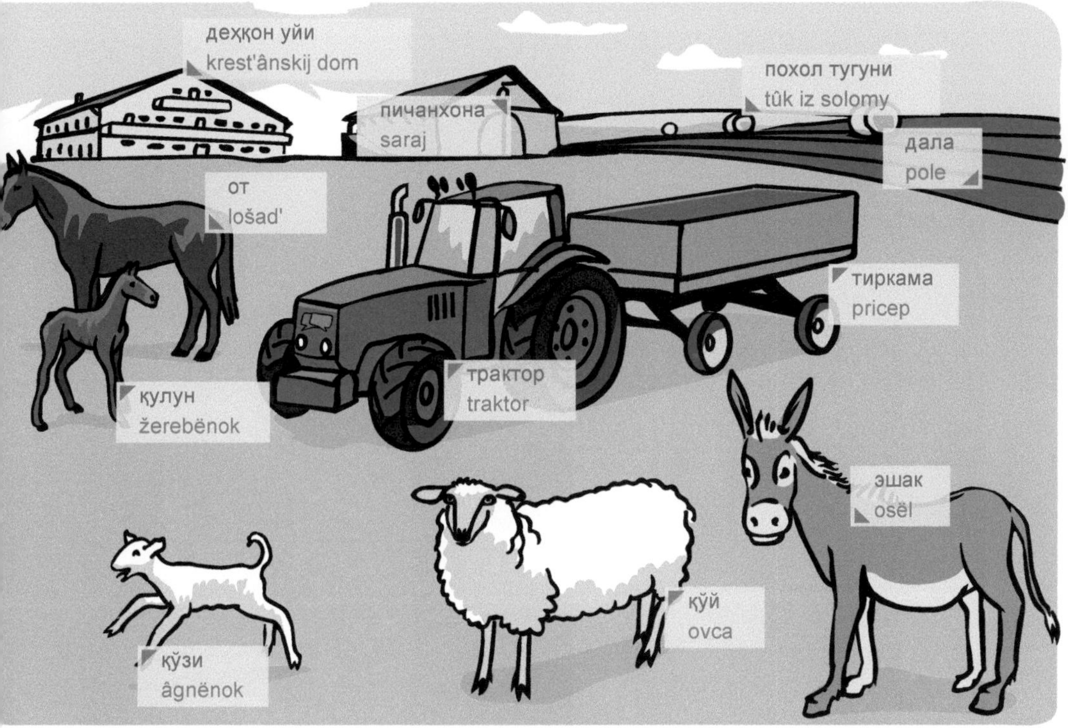

эчки

koza

сигир

korova

бузоқ

telënok

чўчқа

svin'â

чўчқа боласи

porosënok

буқа

byk

ғоз

gus'

ўрдак

utka

жўжа

cyplёnok

товуқ

kurica

хўроз

petuh

каламуш

krysa

мушук

koška

сичқон

myš'

ҳўкиз

vol

ит

sobaka

каталак

konura

ҳовли боғ шланги

sadovyj šlang

гулчелак

lejka

белўроқ

kosa

темир омоч

plug

қўлўроқ

serp

чопқи

motyga

паншаха

navoznye vily

болта

topor

ғалтакарава

tačka

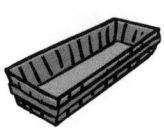

охур

koryto

сут бидони

bidon dlâ moloka

тўрва

mešok

панжара

zabor

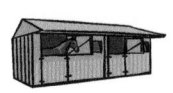

оғилхона

hlev

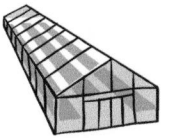

иссиқхона

teplica

тупроқ

počva

уруғ

posev

ўғит

udobrenie

комбайн

kombajn

ҳосил олмоқ

sobirat' urožaj

йиғим-терим

urožaj

ямс

âms

буғдой

pšenica

соя

soâ

картошка

kartofel'

маккажўхори

kukuruza

рапс уруғи

raps

мевали дарахт

fruktovoe derevo

маниок

maniok

ёрма

zlaki

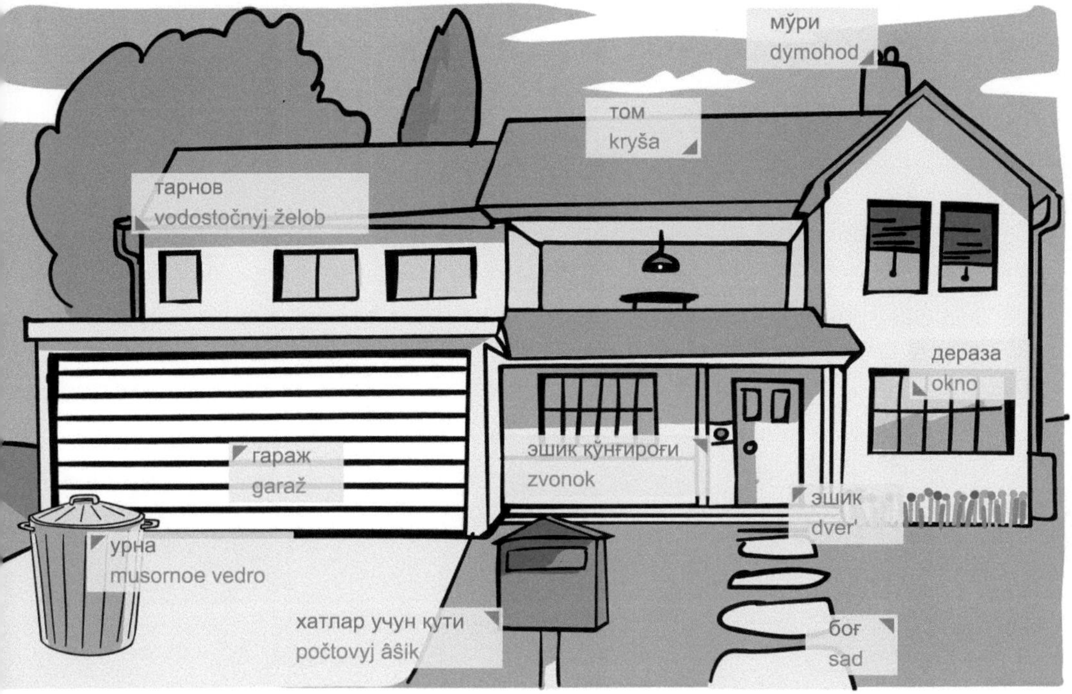

мўри
dymohod
том
kryša
тарнов
vodostočnyj želob
дераза
okno
гараж
garaž
эшик қўнғироғи
zvonok
эшик
dver'
урна
musornoe vedro
хатлар учун қути
počtovyj âŝik
боғ
sad

меҳмонхона

gostinaâ

ваннахона

vannaâ komnata

ошхона

kuhnâ

ётоқхона

spal'nâ

болалар хонаси

detskaâ komnata

ошхона

stolovaâ

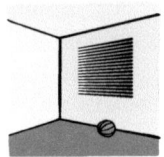

пол

pol

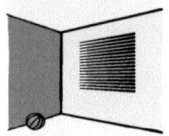

девор

stena

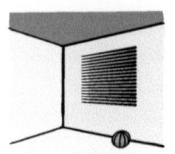

шип

potolok

подвал

podval

сауна

sauna

болохона айвони

balkon

айвон

terrasa

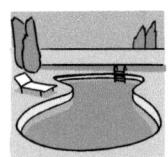

бассейн

bassejn

ўт ўргич машина

gazonokosilka

кўрпажилд

pododeâl'nik

чойшаб

pokryvalo

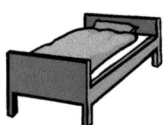

кроват

krovat'

супурги

metla

пақир

vedro

мурват

vyklûčatel'

меҳмонхона
gostinaâ

гулқоғоз
oboi
сурат
risunok
чироқ
lampa
токча
polka
жавон
škaf
телевизор
televizor
ўчоқ
kamin
гул
cvetok
ёстиқ
poduška
диван
divan
гулдон
vaza
масофадан бошқариш пульти
pul't distancyonnogo upravleniâ

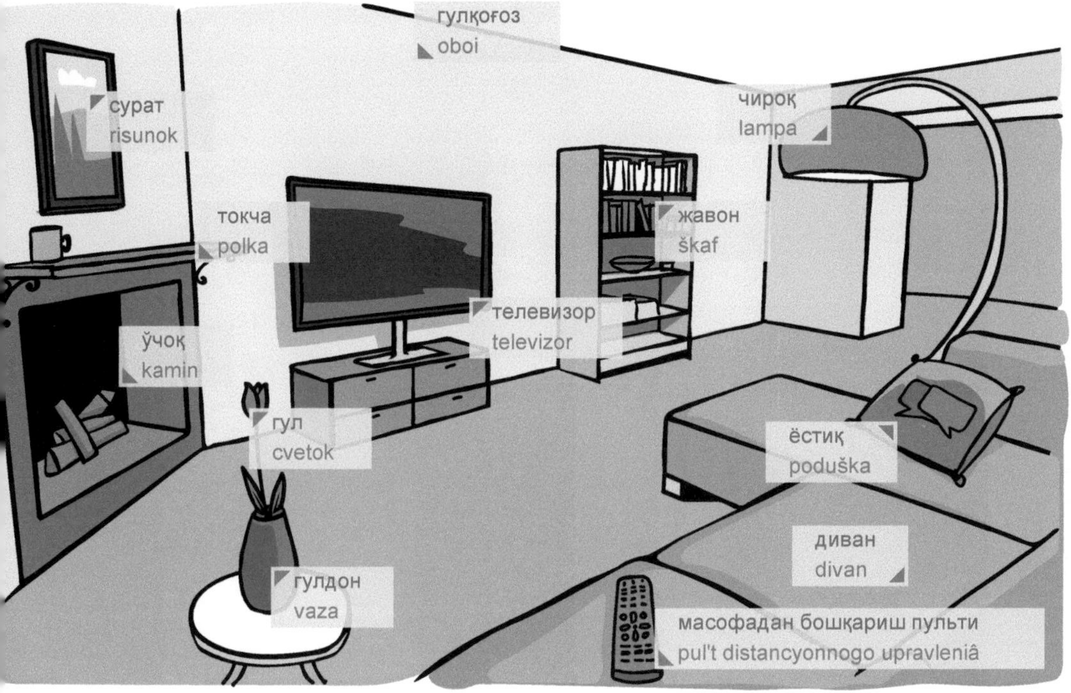

гилам

kovër

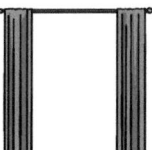

парда

štora

стол

stol

стул

stul

тебранма курси

kreslo-kačalka

кресло

kreslo

китоб

kniga

кўрпа

pokryvalo

ҳашам

ukrašenie

ўтин

drova

кино

fil'm

стерео қурилма

stereosistema

калит

klûč

рўзнома

gazeta

расм

kartina

плакат

plakat

радио

radio

ён дафтар

bloknot

чанг ютгич

pylesos

кактус

kaktus

шам

sveča

ошхона
kuhnâ

совутгич
holodil'nik
микротўлқинли печ
mikrovolnovaâ peč'
ошхона тарозиси
kuhonnye vesy
тостер
toster
ювиш воситалари
moûŝee sredstvo
духовка
duhovka
музхона
morozilka
урна
musornoe vedro
идиш ювадиган машина
posudomoečnaâ mašyna

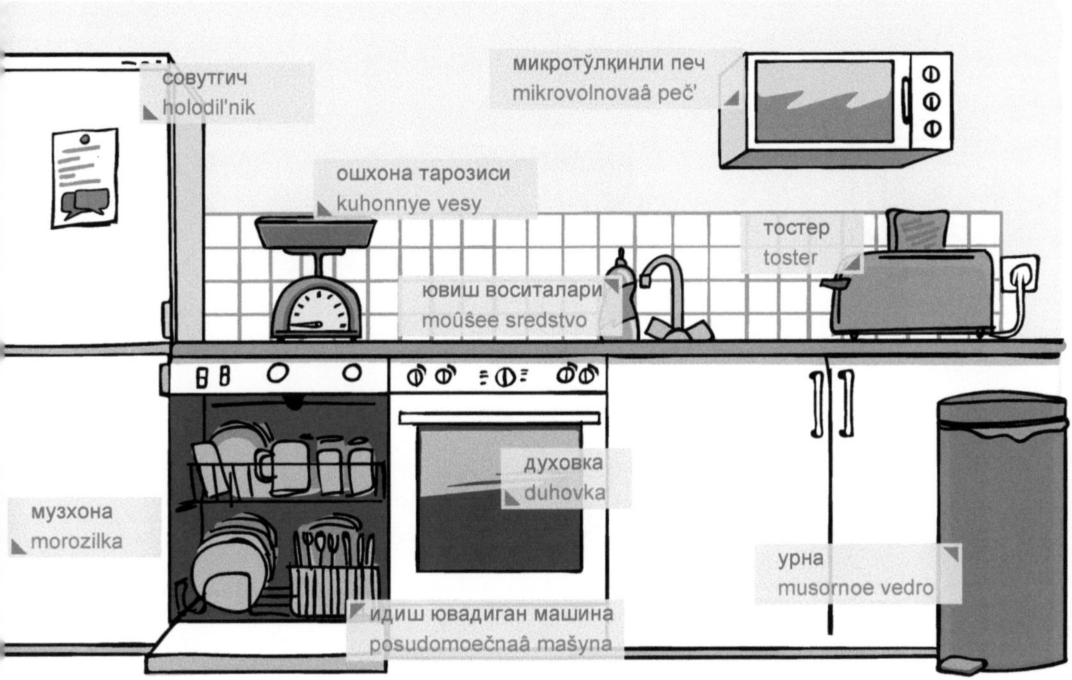

плита

plita

кастрюль

kastrûlâ

чўян қозон

čugunnyj kotelok

бўртма тубли това

vok / kadaj

това

skovoroda

човгун

čajnik

мантиқасқон

parovarka

тунука това

protiven'

идиш

posuda

кружка

kružka

коса

miska

таом ейиш таёқчалари

paločki dlâ edy

чўмич

polovnik

куракча

lopatka

кўпиртиргич

sbivalka

элак

sito

элак

sito

қирғич

tërka

ҳовонча

stupka

гриль

gril'

олов

kostër

оштахта

doska

жува

skalka

пармасимон тиқин очгич

štopor

консерва

žestânaâ banka

консерва очгич

konservnyj nož

тутгич

prihvatka

унитаз

rakovina

идиш чўтка

ŝetka

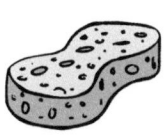

қозонсочиқ

gubka

қориштиргич

mikser

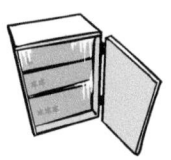

музлатгич

morozil'naâ kamera

сўрғичли чақалоқ бутилкаси

butyločka dlâ kormleniâ

кран

kran

ваннахона

vannaâ komnata

душ
duš
иситиш тизими
otoplenie
сочиқ
polotence
дарпарда
duševaâ zanaveska
кўпикли ванна
penistaâ vanna
ванна
vanna
стакан
stakan
кир ювиш машинаси
stiral'naâ mašyna
кран
kran
кафель
plitka
тувак
goršok
унитаз
rakovina

ҳожатхона

tualet

полга ўрнатиладиган унитаз

napol'nyj unitaz

таҳоратдон

bide

сийдик унитази

pissuar

ҳожатхона қоғози

tualetnaâ bumaga

ҳожатхона чўткаси

eršyk

тиш чўтка

zubnaâ ŝetka

тиш пастаси

zubnaâ pasta

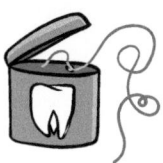

тиш тозалагич ип

zubnaâ nit'

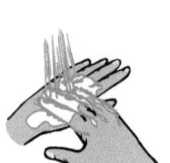

ювмоқ

myt'

дастакли душ

ručnoj duš

таҳорат учун душ

intimnyj duš

тоғора

taz

елка қашлайдиган чўтка

ŝetka dlâ spiny

совун

mylo

душ учун гель

gel' dlâ duša

шампунь

šampun'

мочалка

močalka

қувур

stok

крем

krem

дезодарант

dezodorant

кўзгу

zerkalo

қўл кўзгуси

ručnoe zerkalo

устара

britva

устара учун кўпик

pena dlâ brit'â

салқинлантирувчи
бальзам

los'on posle brit'â

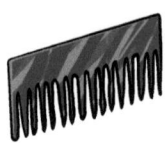

тароқ

rasčeska

чўтка

šetka

фен

fen

соч учун лак

lak dlâ volos

пардоз-андоз

kosmetika

лаб учун помада

gubnaâ pomada

тирноқ лаки

lak dlâ nogtej

пахта

vata

тирноқ қайчиси

manikûrnye nožnicy

духи

duhi

пардоз-андоз халтаси

kosmetička

курси

taburetka

тарози

vesy

чўмилиш халати

halat

резина қўлқоп

rezinovye perčatki

тампон

tampon

гигиеник таглик

gigieničeskaâ prokladka

биоҳожатхона

biotualet

болалар хонаси
detskaâ komnata

бонг соат
budil'nik
юмшоқ ўйинчоқ
mâgkaâ igruška
ўйинчоқ машина
igrušečnyj avtomobil'
шақилдоқ
pogremuška
қўғирчоқ уй
kukol'nyj domik
совға
podarok

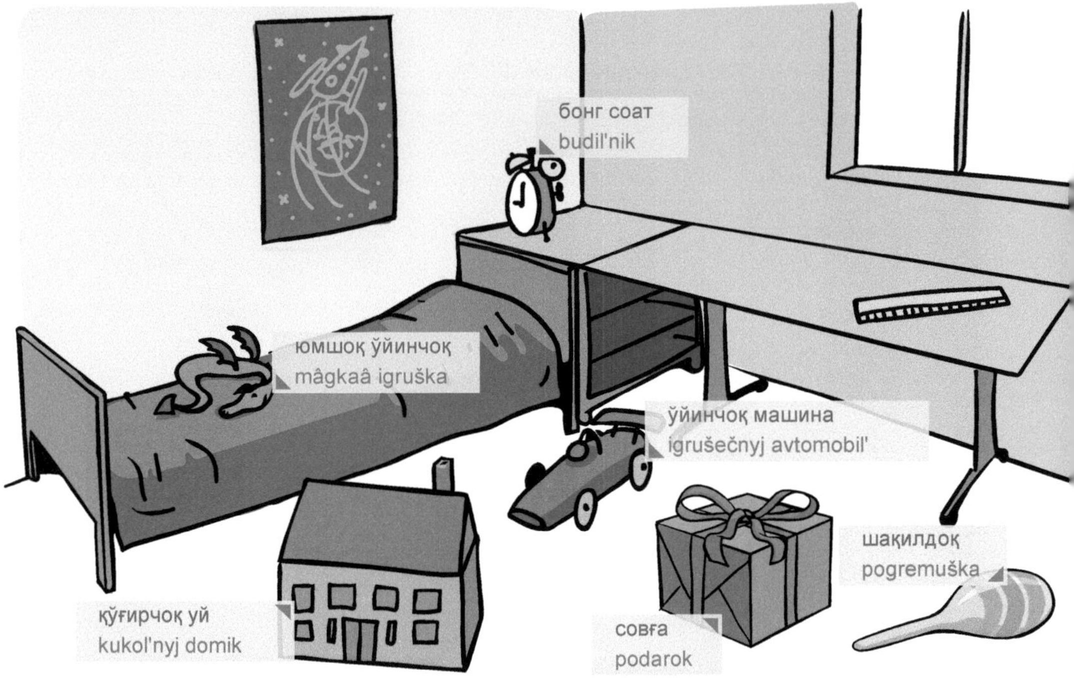

шар

vozdušnyj šar

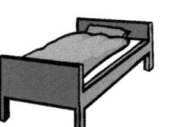

кроват

krovat'

болалар аравачаси

detskaâ kolâska

карта тўплами

kartočnaâ igra

терма тасвир

pazl

кулгили саҳна асари

komiks

лего ғиштлари

kirpičiki Lego

ўйинчоқ кубиклар

kubiki

ўйинчоқ қаҳрамон

igrušečnaâ figurka

ползунка

polzunki

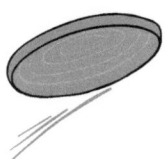

учар ликопча

frisbi

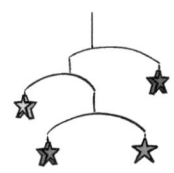

осма шақилдоқ

mobile

стол ўйини

nastol'naâ igra

ошиқ

kubik

поезд макети

model' železnoj dorogi

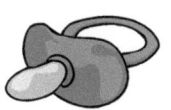

сўрғич

soska

ўтириш

večerinka

расмли китоб

kniga s kartinkami

копток

mâč

қўғирчоқ

kukla

ўйнамоқ

igrat'

қумдон

pesočnica

арғимчоқ

kačeli

ўйинчоқлар

igruška

ўйин приставкаси

igrovaâ pristavka

уч ғилдиракли велосипед

trëhkolesnyj velosiped

бахмал айиқ

plûševyj medvežonok

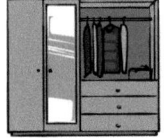

кийим шкафи

škaf dlâ odeždy

КИЙИМ

odežda

пайпоқ

noski

чулки

čulki

колготка

kolgotki

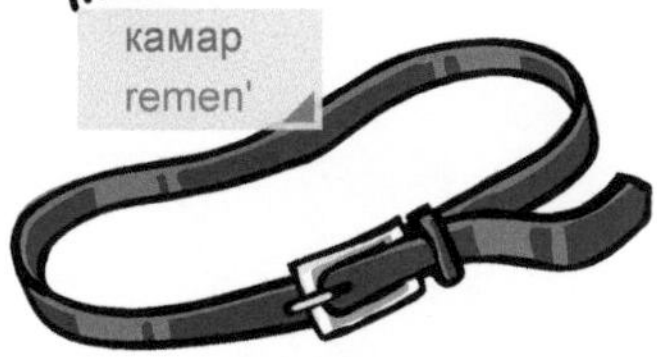

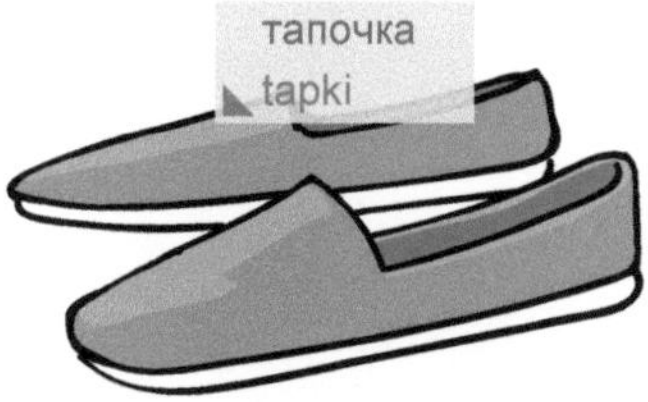

шарф
šarf

соябон
zontik

камар
remen'

футболка
futbolka

ботинка
sapogi

тапочка
tapki

кроссовка
krossovki

шиппак

sandalii

туфли

botinki

резина этик

rezinovye sapogi

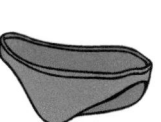

тор турсик

trusy

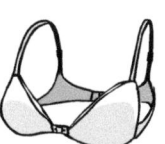

кўкракпеч

bûstgal'ter

майка

majka

боди	иштон	жинси
bodi	brûki	džynsy

юбка	кофта	кўйлак
ûbka	bluzka	rubaška

жемпер	узун чакмон	спорт бичимидаги пиджак
sviter	sviter	sportivnaâ kurtka

куртка	пальто	плаш
žaket	pal'to	plaŝ

либос	кўйлак	келин кўйлак
kostûm	plat'e	svadebnoe plat'e

костюм шим

mužskoj kostûm

тунги кўйлак

nočnaâ soročka

пижама

pižama

сари

sari

шолрўмол

platok

салла

tûrban

паранжи

parandža

чакмон

kaftan

абая

abajâ

чўмилиш костюми

kupal'nik

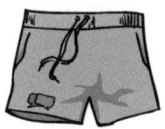

турсик

plavki

шортик

šorty

спорт костюми

sportivnyj kostûm

фартук

fartuk

қўлқоп

perčatki

тугма

pugovica

кўзойнак

očki

билагузук

braslet

мунчоқ

cepočka

узук

kol'co

сирға

ser'ga

кепка

šapka

пальто илгак

vešalka

шляпа

šlâpa

бўйинбоғ

galstuk

замок

zastežka molniâ

дубулға

šlem

шим тортгич

podtâžki

мактаб формаси

škol'naâ forma

форма

forma

ошхўрак

detskij nagrudnik

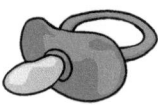

сўрғич

soska

таглик

podguznik

идора
ofis

сервер
server
қоғоз-ҳужжатлар шкафи
kancelârskij škaf
принтер
printer
қоғоз
bumaga
экран
monitor
сичқонча
myš'
иш столи
pis'mennyj stol
папка
papka
клавиатура
klaviatura
урна
korzina dlâ bumag
компьютер
komp'ûter
стул
stul

кофе кружкаси

kofejnaâ kružka

калькулятор

kal'kulâtor

интернет

internet

ноутбук

noutbuk

хат

pis'mo

мактуб

soobŝenie

уяли телефон

mobil'nyj telefon

тармоқ

set'

нусха кўчиргич

kseroks

дастур

programma

телефон

telefon

розетка

rozetka

факс

faks

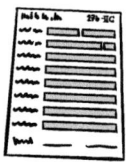

шакллар

formulâr

ҳужжат

dokument

харид қилмоқ

pokupat'

тўламоқ

platit'

савдолашмоқ

torgovat'

пул

den'gi

доллар

dollar

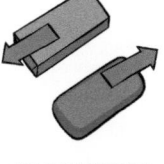

евро

evro

йен

iena

рубль

rubl'

швейцар франки

frank

Жэньминьби хитой юани

žèn'min'bi ûan'

рупи

rupiâ

банкомат

bankomat

пул айирбошлаш
шаҳобчаси
punkt obmena valûty

олтин
zoloto

кумуш
serebro

нефт
neft'

энергия
ènergiâ

нарх
cena

шартнома
dogovor

солиқ
nalog

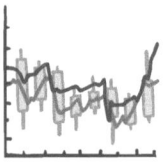

акция
akcyâ

ишламоқ
rabotat'

ишчи
služaŝij

иш берувчи
rabotodatel'

завод
fabrika

дўкон
magazin

касблар
professii

полициячи
milicyoner
ўт ўчирувчи
požarnyj
ошпаз
povar
шифокор
vrač
учувчи
pilot

боғбон

sadovnik

дурадгор

stolâr

тикувчи

šveâ

ҳакам

sud'â

кимёгар

himik

актёр

aktër

автобус ҳайдовчиси

voditel' avtobusa

такси ҳайдовчи

taksist

балиқчи

rybak

фаррош

uborŝica

том устаси

krovel'ŝik

официант

oficyant

овчи

ohotnik

бўёқчи

hudožnik

нонвой

pekar'

электр устаси

èlektrik

қурувчи

stroitel'

муҳандис

inžener

қассоб

mâsnik

сувчи чилангар

santehnik

почтачи

počtal'on

аскар

soldat

меъмор

arhitektor

ғазначи

kassir

гулчи

florist

сарторош

parikmaher

чиптачи

konduktor

механик

mehanik

капитан

kapitan

тиш шифокори

zubnoj vrač

олим

učenyj

яхудийлар руҳонийси

ravvin

имом

imam

роҳиб

monah

руҳоний

svâŝennik

асбоблар
instrumenty

омбир
ploskogubcy
болға
molotok
отвертка
otvërtka
гайка очгич
gaečnyj klûč
чўнтак чироғи
karmannyj fonari

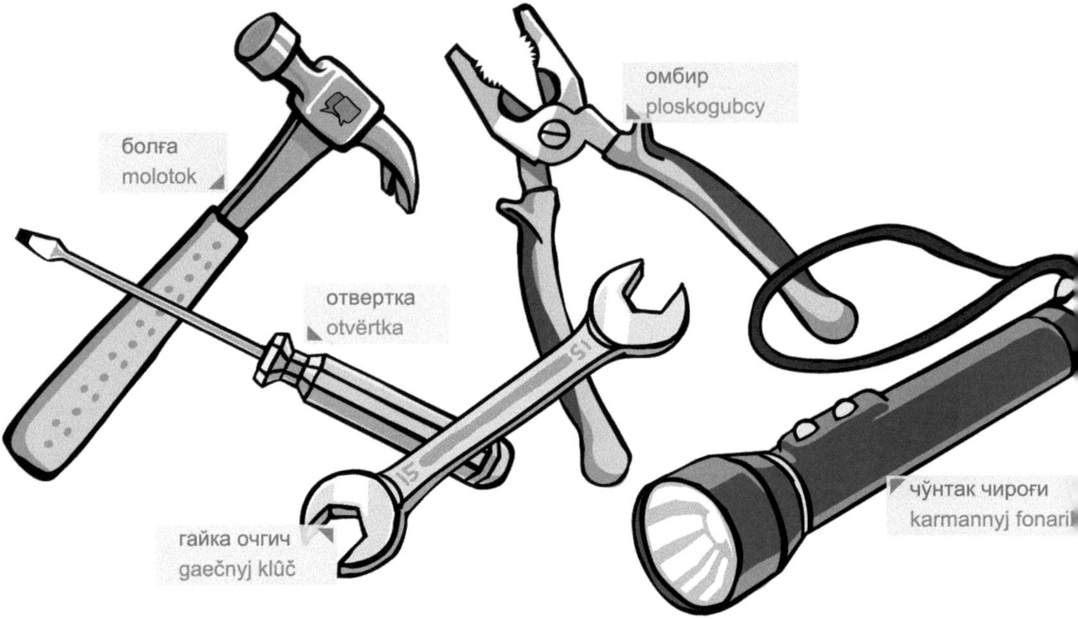

экскаватор

èkskavator

асбоблар қутиси

âŝik dlâ instrumentov

нарвон

stremânka

қўларра

pila

мих

gvozdi

пармадаста

drel'

тузатмоқ

remontirovat'

белкурак

lopata

Жин урсин!

Blin!

хокандоз

sovok

бўёқ идиш

vedro s kraskoj

бурама мих

vinty

мусиқа асбоблари
muzykal'nye instrumenty

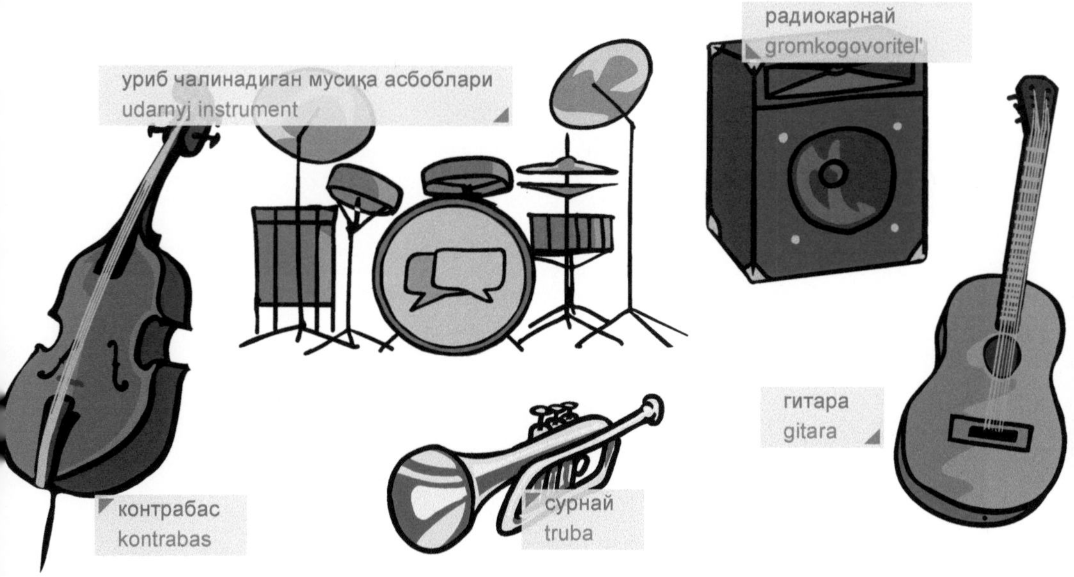

радиокарнай
gromkogovoritel'

уриб чалинадиган мусиқа асбоблари
udarnyj instrument

гитара
gitara

контрабас
kontrabas

сурнай
truba

пианино

pianino

ғижжак

skripka

бас-гитара

bas-gitara

қўшноғора

litavry

дўмбира

baraban

клавиатура

sintezator

саксофон

saksofon

най

flejta

микрофон

mikrofon

ҳайвонот боғи

zoopark

арслон
tigr
кириш
vhod
қафас
kletka
зебра
zebra
ем
korm
панда
panda

ҳайвонлар

žyvotnye

фил

slon

кенгуру

kenguru

каркидон

nosorog

горилла

gorilla

айиқ

medved'

туя

verblûd

туяқуш

straus

шер

lev

маймун

obez'âna

фламинго

flamingo

тўти

popugaj

оқ айиқ

belyj medved'

пингвин

pingvin

акула

akula

товус

pavlin

илон

zmeâ

тимсоҳ

krokodil

ҳайвонот боғи қоровули

služytel' zooparka

тюлень

tûlen'

ягуар

âguar

тўпичоқ от

poni

қоплон

leopard

бегемот

begemot

жирафа

žyraf

бургут

orël

эркак чўчқа

kaban

балиқ

ryba

тошбақа

čerepaha

морж

morž

тулки

lisa

оҳу

gazel'

спорт ўйинлари

sport

америка футболи
amerikanskij futbol
велосипед ҳайдаш
ezda na velosipede
теннис
tennis
баскетбол
basketbol
сузиш
plavanie
бокс
boks
муз хоккейи
hokkej

футбол

futbol

бадминтон

badminton

енгил атлетика

lëgkaâ atletika

қўлтўпи

gandbol

чанғи учиш

lyžnyj sport

поло

polo

сакрамоқ
prygat'

кучмоқ
obnimat'

кулмоқ
smeât'sâ

юрмоқ
idti

куйламоқ
pet'

ибодат қилмоқ
molit'sâ

ўпмоқ
celovat'

ҳаёл қилмоқ
mečtat'

ёзмоқ

pisat'

чизмоқ

risovat'

кўрсатмоқ

pokazyvat'

итармоқ

nažymat'

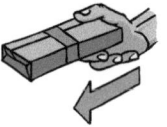

бермоқ

davat'

олмоқ

brat'

эга бўлмоқ

imet'

бажармоқ

delat'

бўлмоқ

byt'

турмоқ

stoât'

югурмоқ

bežat'

тортмоқ

tânut'

улоқтирмоқ

brosat'

йиқилмоқ

padat'

алдамоқ

ležat'

кутмоқ

ždat'

ташимоқ

nosit'

ўтирмоқ

sidet'

кийинмоқ

nadevat'

ухламоқ

spat'

уйғонмоқ

prosypat'sâ

қарамоқ

rassmatrivat'

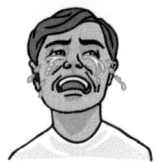

йиғламоқ

plakat'

зарба бермоқ

gladit'

тарамоқ

pričesyvat'

гаплашмоқ

govorit'

тушунмоқ

ponimat'

сўрамоқ

sprašyvat'

тингламоқ

slušat'

ичмоқ

pit'

емоқ

kušat'

йиғиштирмоқ

navodit' porâdok

севмоқ

lûbit'

пиширмоқ

gotovit'

ҳайдамоқ

ehat'

учмоқ

letat'

кемада сузмоқ

hodit' pod parusom

ҳисобламоқ

sčitat'

ўқимоқ

čitat'

ўрганмоқ

učit'sâ

ишламоқ

rabotat'

турмуш қурмоқ

vstupat' v brak

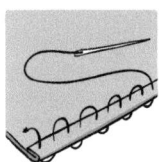

тикмоқ

šyt'

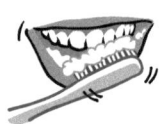

тиш ювмоқ

čistit' zuby

ўлдирмоқ

ubivat'

чекмоқ

kurit'

йўлламоқ

otpravlât'

буви
babuška
бува
deduška
ота
papa
она
mama
чақалоқ
mladenec
қиз
doč'
ўғил
syn

меҳмон

gost'

амма

tetâ

тоға

dâdâ

ака

brat

опа

sestra

тана

telo

пешона
lob
кўз
glaz
елка
plečo
бармоқ
palec
юз
lico
ияк
podborodok
қўл панжалари
kist'
оёқ
noga
кўкрак
grud'
қўл
ruka

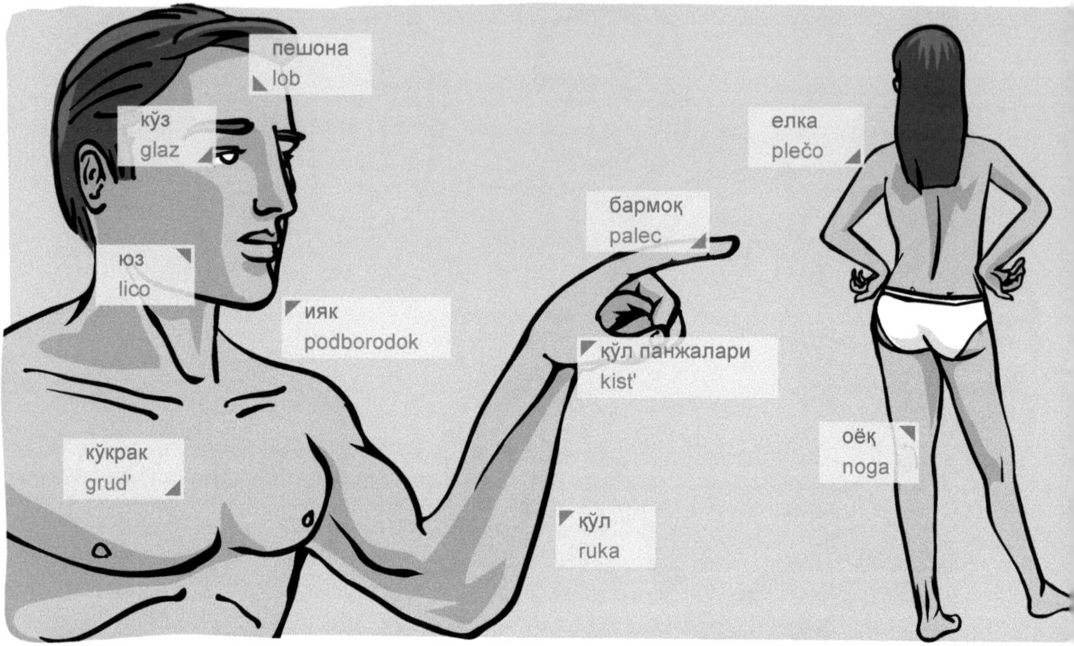

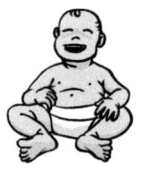

чақалоқ

mladenec

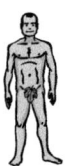

одам

mužčina

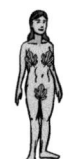

аёл

ženŝina

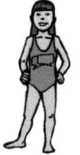

қиз бола

devočka

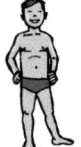

ўғил бола

mal'čik

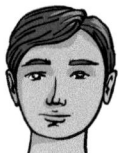

бош

golova

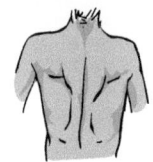

орқа

spina

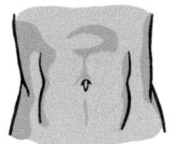

қорин

žyvot

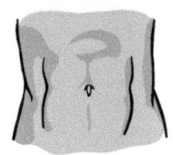

киндик

pupok

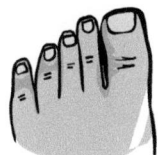

оёқ панжаси

palec nogi

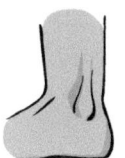

товон

pâtka

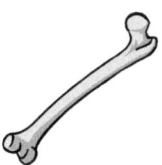

суяк

kosť

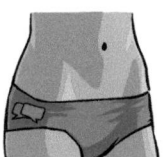

бел

bedro

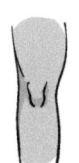

тизза

koleno

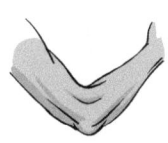

тирсак

lokoť

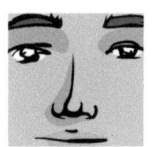

бурун

nos

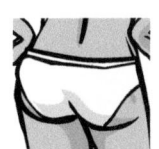

думба

âgodicy

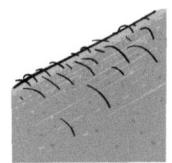

тери

koža

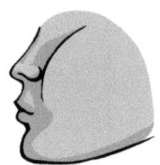

яноқ

šeka

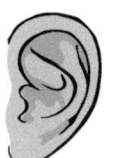

қулоқ

uho

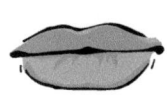

лаб

guba

тана - telo

оғиз
rot

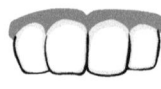

тиш
zub

тил
âzyk

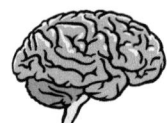

мия
mozg

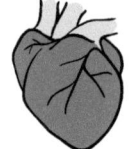

юрак
serdce

мушак
myšca

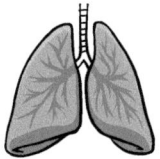

ўпка
lëgkoe

жигар
pečen'

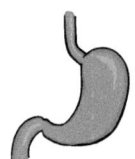

ошқозон
želudok

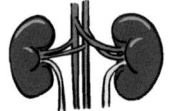

буйрак
počki

жинсий алоқа
polovoj akt

презерватив
prezervativ

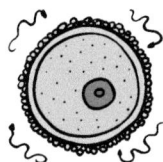

тухум ҳўжайра
âjcekletka

уруғ
sperma

ҳомиладорлик
beremennost'

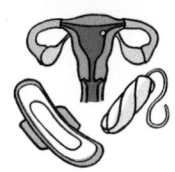

ҳайз

menstruacyâ

бачадон

vagina

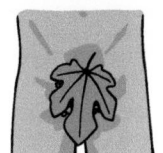

олат

penis

қош

brov'

соч

volosy

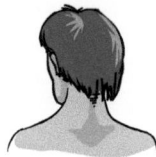

бўйин

šeâ

шифохона

bol'nica

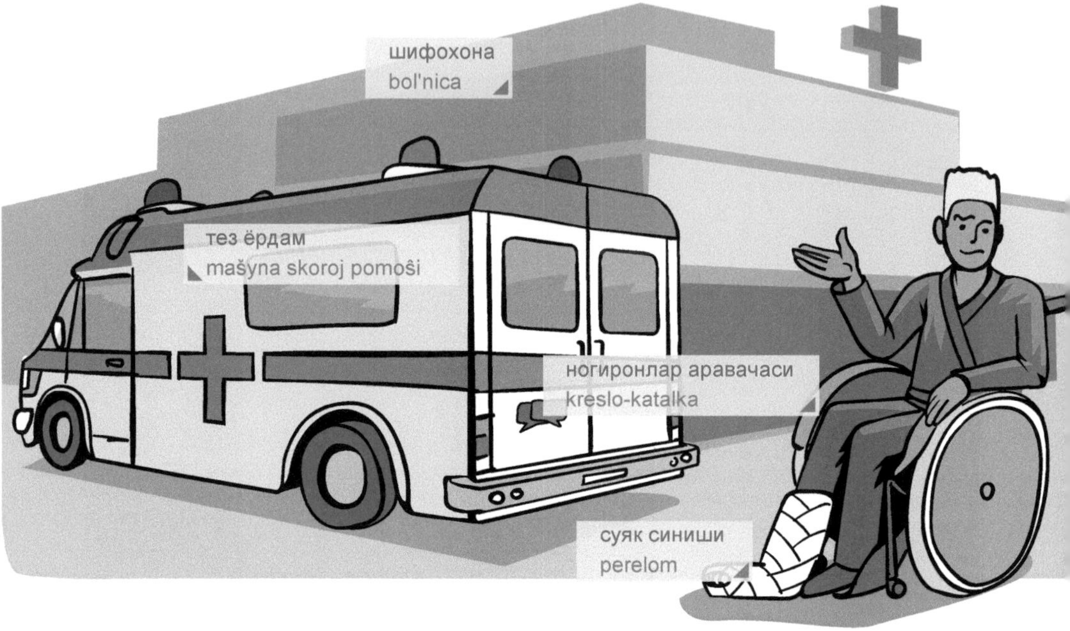

тез ёрдам
mašyna skoroj pomoŝi
ногиронлар аравачаси
kreslo-katalka
суяк синиши
perelom

шифокор

vrač

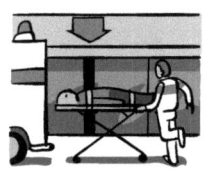

Шошилинч тиббий ёрдам кўрсатиш бўлими

punkt pervoj pomoŝi

ҳамшира

medsestra

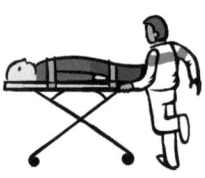

тез ёрдам

neotložnyj slučaj

ҳушсизлик

bez soznaniâ

оғриқ

bol'

жароҳат
povreždenie

қонаш
krovotečenie

юрак хуружи
infarkt

инсульт
insul't

аллергия
allergiâ

йўтал
kašel'

иситма
povyšennaâ temperatura

тумов
gripp

ич кетиш
ponos

бош оғриғи
golovnaâ bol'

саратон касали
rak

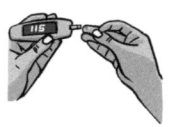

қандли диабет
diabet

жарроҳ
hirurg

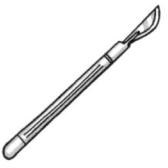

жарроҳ пичоғи
skal'pel'

жарроҳлик амалиёти
operacyâ

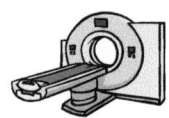

томография

КТ

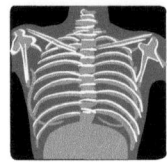

рентген

rentgen

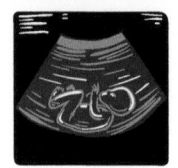

ултратовуш текшируви

ul'trazvuk

юз ниқоби

maska

касаллик

bolezn'

қабулхона

priëmnaâ

қўлтиқтаёқ

kostyl'

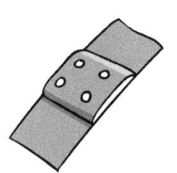

малҳамли пластир

plastyr'

бинт

bint

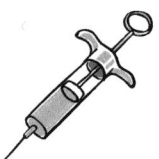

укол

ukol

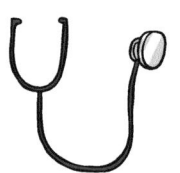

юрак урушини ва ўпкани
эшитиб кўрадиган асбоб

stetoskop

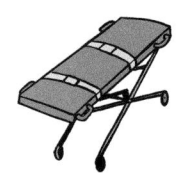

беморлар учун замбил

nosilki

термометр

termometr

туғруқ

roždenie

семизлик

izbytočnyj ves

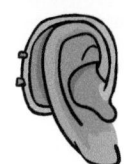

эшитиш мосламаси

sluhovoj apparat

дезинфекцияловчи восита

dezinfekcyonnoe sredstvo

инфекция

infekcyâ

вирус

virus

ОИВ / ОИТС

VIČ / SPID

дори

lekarstvo

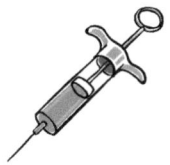

эмлаш

privivka

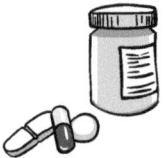

таблетка

tabletki

дори

protivozačatočnaâ tabletka

тез ёрдам қўнғироғи

èkstrennyj vyzov

қон босимини ўлчаш асбоби

pribor dlâ izmereniâ krovânogo davleniâ

касал / соғлом

bol'noj / zdorovyj

шифохона - bol'nica

тез ёрдам

neotložnyj slučaj

Ёрдам беринглар!

Pomogite!

хавф-хатар ишораси

signal trevogi

тажовуз

napadenie

ҳужум

ataka

хавф

opasnost'

фавқулодда ҳолатларда чиқиш эшиги

zapasnoj vyhod

Ёнғин!

Požar!

ўт ўчиргич

ognetušytel'

фалокат

nesčastnyj slučaj

биринчи тиббий ёрдам тўплами

aptečka

фалокат сигнали

SOS

полиция

milicyâ

Европа

Evropa

Шимолий Америка

Severnaâ Amerika

Жанубий Америка

Ûžnaâ Amerika

Африка

Afrika

Осиё

Aziâ

Австралия

Avstraliâ

Атлантик океани

Atlantičeskij okean

Тинч океани

Tihij okean

Ҳинд океани

Indijskij okean

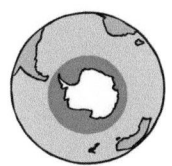

Антарктида океани

Antarktičeskij okean

Арктика океани

Severnyj Ledovityj okean

Шимолий қутб

Severnyj polûs

Жанубий қутб

Ûžnyj polûs

Антарктика

Antarktika

Ер

zemlâ

ўлка

suša

денгиз

more

орол

ostrov

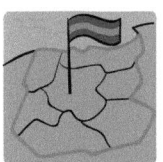

миллат

nacyâ

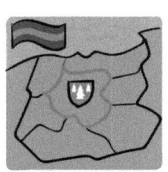

давлат

gosudarstvo

астрономик вақт
кўрсатгичи

cyferblat

соат мили

časovaâ strelka

дақиқа мили

minutnaâ strelka

сония мили

sekundnaâ strelka

Соат неча?

Kotoryj čas?

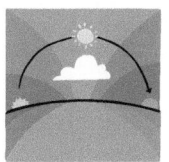

кун

den'

вақт

vremâ

ҳозир

sejčas

рақамли соат

èlektronnye časy

дақиқа

minuta

соат

čas

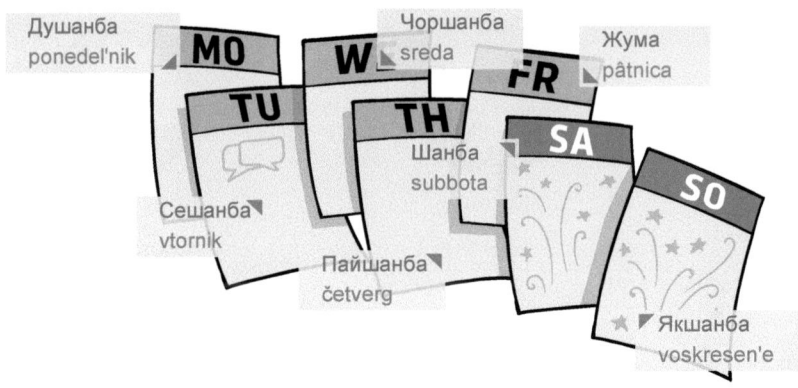

хафта

nedelâ

Душанба
ponedel'nik
Сешанба
vtornik
Чоршанба
sreda
Пайшанба
četverg
Жума
pâtnica
Шанба
subbota
Якшанба
voskresen'e
MO
TU
W
TH
FR
SA
SO

кеча
včera

бугун
segodnâ

эртага
zavtra

эрталаб
utro

пешин
polden'

кечқурун
večer

иш кунлари
rabočie dni

дам олиш кунлари
vyhodnye

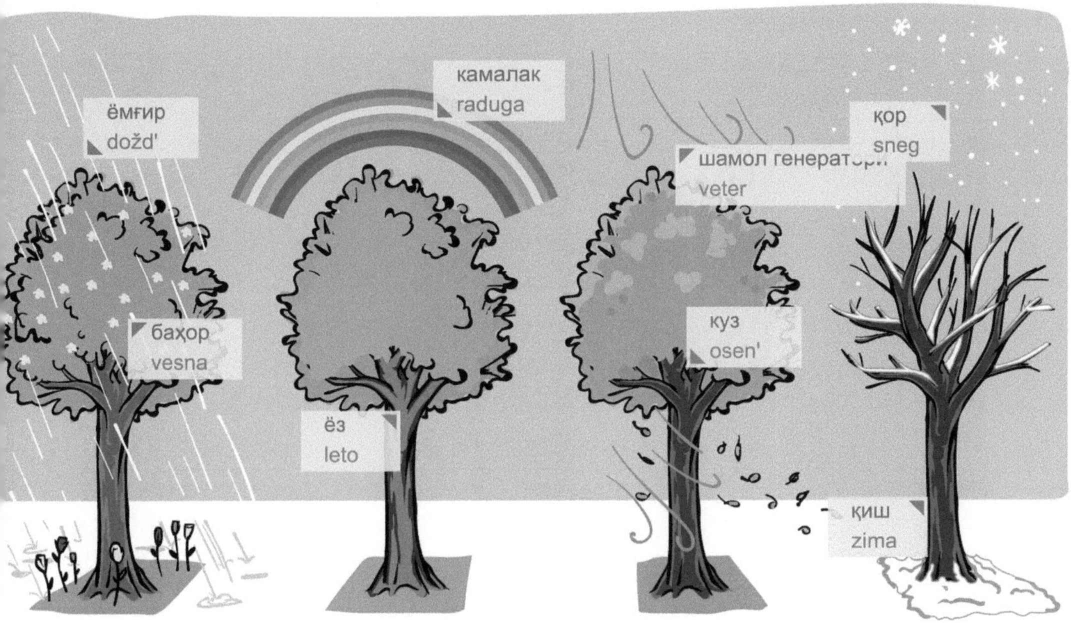

ёмғир
dožd'

камалак
raduga

қор
sneg

шамол генератори
veter

бахор
vesna

куз
osen'

ёз
leto

қиш
zima

4.APRIL	11°	
5.APRIL	4°	
6.APRIL	13°	
7.APRIL	8°	
8.APRIL	10°	

об-ҳаво маълумоти

prognoz pogody

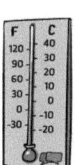

термометр

termometr

қуёшли

solnečnyj svet

булут

tuča

туман

tuman

намгарчилик

vlažnosť vozduha

чақмоқ

molniâ

момоқалдироқ

grom

бўрон

burâ

дўл

grad

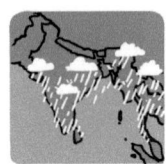

намгарчилик мавсуми

musson

тошқин

navodnenie

муз

lëd

Январь

ânvar'

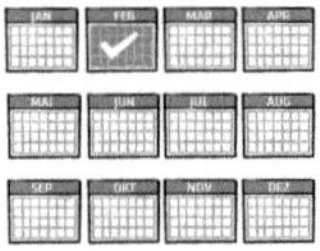

Февраль

fevral'

Март

mart

Апрель

aprel'

Май

maj

Июнь

iûn'

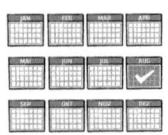

Июль

iûl'

Август

avgust

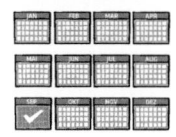

Сентябрь

sentâbr'

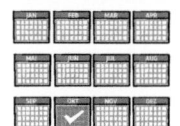

Октябрь

oktâbr'

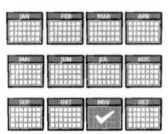

Ноябрь

noâbr'

Декабрь

dekabr'

шакллар

formy

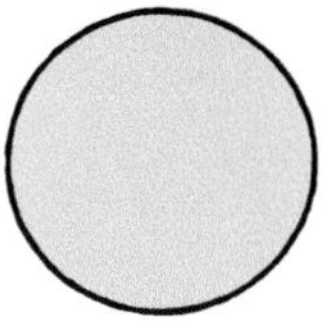

айлана

krug

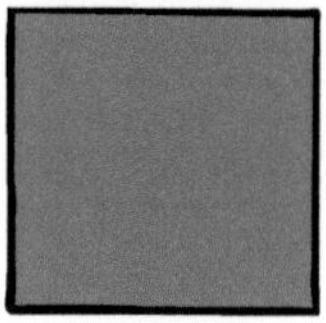

квадрат

kvadrat

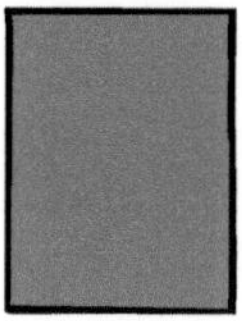

тўртбурчак

prâmougol'nik

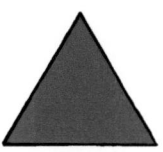

учбурчак

treugol'nik

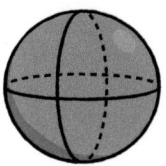

доира

šar

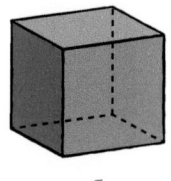

куб

kub

ранглар

cveta

оқ

belyj

сариқ

želtyj

сабзи ранг

oranževyj

пушти

rozovyj

қизил

krasnyj

тўқ қизил

lilovyj

кўк

sinij

яшил

zelënyj

жигар ранг

koričnevyj

кул ранг

seryj

қора

černyj

кўп / оз

mnogo / malo

ғазабли / хотиржам

ârostnyj / mirnyj

гўзал / хунук

krasivyj / urodlivyj

боши / охири

načalo / konec

катта / кичик

bol'šoj / malen'kij

ёруғ / қоронғу

svetlyj / temnyj

ака / сингил

brat / sestra

тоза / ифлос

čistyj / grâznyj

тўлиқ / чала

polnyj / nepolnyj

кун / тун

den' / noč'

ўлик / тирик

mёrtvyj / žyvoj

кенг / тор

šyrokij / uzkij

еса бўладиган / еса бўлмайдиган

s"edobnyj / nes"edobnyj

ёвуз / хайрли

zloj / druželûbnyj

ҳаяжонли / зерикарли

vzvolnovannyj / skučaûŝij

семиз / озғин

tolstyj / hudoj

биринчи / охирги

snačala / v konce

дўст / душман

drug / vrag

тўла / бўш

polnyj / pustoj

қаттиқ / юмшоқ

tvërdyj / mâgkij

оғир / енгил

tâžëlyj / legkij

очлик / чанқов

golod / žažda

касал / соғлом

bol'noj / zdorovyj

ноқонуний / қонуний

nezakonnyj / zakonnyj

зиёли / калтафаҳм

umnyj / glupyj

чап / ўнг

sleva / sprava

яқин / узоқ

blizko / daleko

янги / ишлатилган

novyj / poderžannyj

ҳеч нарса / бир нарса

ničto / nečto

қари / ёш

staryj / molodoj

ёниқ / ўчиқ

vklûčeno / vyklûčeno

очиқ / ёпиқ

otkryto / zakryto

паст / баланд

tiho / gromko

бой / камбағал

bogatyj / bednyj

тўғри / нотўғри

pravil'nyj / nepravil'nyj

нотекис / текис

šerohovatyj / gladkij

хафа / хурсанд

pečal'nyj / sčastlivyj

қисқа / узун

korotkij / dlinnyj

секин / тез

medlennyj / bystryj

нам / қуруқ

mokryj / suhoj

илиқ / салқин

tëplyj / prohladnyj

уруш / тинчлик

vojna / mir

рақамлар
cyfry

0

ноль

nol'

1

бир

odin

2

икки

dva

3

уч

tri

4

тўрт

četyre

5

беш

pât'

6

олти

šest'

7

етти

sem'

8

саккиз

vosem'

9

тўққиз

devât'

10

ўн

desât'

11

ўн бир

odinnadcat'

12
ўн икки
dvenadcat'

13
ўн уч
trinadcat'

14
ўн тўрт
četyrnadcat'

15
ўн беш
pâtnadcat'

16
ўн олти
šestnadcat'

17
ўн етти
semnadcat'

18
ўн саккиз
vosemnadcat'

19
ўн тўққиз
devâtnadcat'

20
йигирма
dvadcat'

100
юз
sto

1.000
минг
tysâča

1.000.000
миллион
million

тиллар

âzyki

Инглиз

anglijskij

Америкача инглиз тили

amerikanskij anglijskij

Хитой тилининг Мандарин лаҳчаси

mandarinskij kitajskij

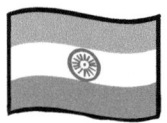

Ҳинд

hindi

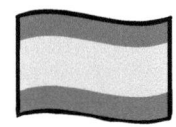

Испан

ispanskij

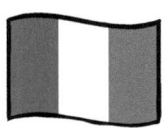

Француз

francuzskij

Араб

arabskij

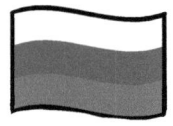

Рус

russkij

Португал

portugal'skij

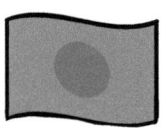

Бенгал

bengal'skij

Немис

nemeckij

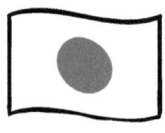

Япон

âponskij

ким / нима / қандай
kto / čto / kak

Мен

â

Сен

ty

у / у / у

on / ona / ono

биз

my

сизлар

vy

улар

oni

ким?

kto?

нима?

čto?

қандай?

kak?

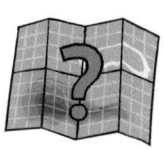

қаерда?

gde?

қачон?

kogda?

исм

imâ

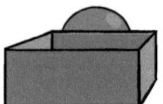

қаерда

gde

орқада

za

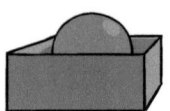

ичида

v

олдида

pered

узра

nad

устида

na

тагида

pod

ёнида

râdom

ўртасида

meždu

жой

mesto